Il Ragazzo Con Una Tasca Piena Di Stelle: Inglese per Bambini

My Pommeline

Published by My Pommeline, 2024.

While every precaution has been taken in the preparation of this book, the publisher assumes no responsibility for errors or omissions, or for damages resulting from the use of the information contained herein.

IL RAGAZZO CON UNA TASCA PIENA DI STELLE: INGLESE PER BAMBINI

First edition. October 17, 2024.

Copyright © 2024 My Pommeline.

ISBN: 979-8227124135

Written by My Pommeline.

Table of Contents

The Flying Schoolboy

Once upon a time, there was a boy named Felix Featherstone, an average 12-year-old who attended St. Bumble's Primary School. Felix was what you might call a professional worrier. If there was something to fret about, Felix was already two steps ahead, panicking. He worried about his schoolwork, his slightly crooked front tooth, and most of all—bullies. Specifically, the trio of terror: Bruiser Bob, Nasty Nigel, and Horrid Harry.

Felix had always felt that he was different, but not in a good way. The nervous knot in his stomach was his constant companion. He hated the way his hands shook whenever he had to speak in front of the class or when he sensed trouble nearby. Little did he know, his anxiety hid a secret power. A power so strange, so extraordinary, that Felix himself didn't even realize he possessed it. At least, not until the day it happened.

The Day of the Incident

It was a cold Monday morning when Felix's life changed forever. He was in the schoolyard, minding his own business, trying to avoid the bullies, when suddenly he heard it: the unmistakable sound of Bruiser Bob's laugh. Felix froze. His heart raced, palms sweating, as he felt a hand grab the back of his collar.

"Well, well, well, if it isn't Feeble Felix," Bruiser Bob sneered, his grip tightening.

Nasty Nigel and Horrid Harry circled like sharks.

Felix's insides twisted with fear. The knot in his stomach tightened so much that he felt like he might float away. And then... he did.

At first, Felix didn't notice. His body felt lighter, and the world seemed to slow down. He squeezed his eyes shut, bracing for a punch that never came. When he opened his eyes, the bullies were still on the ground below him—far below him. Felix was floating five feet in the air!

Bruiser Bob, Nasty Nigel, and Horrid Harry gawked, their mouths hanging open in disbelief. Felix, too, was speechless. His body hovered in mid-air like a helium balloon.

"What... What is happening?!" he stammered.

The bullies screamed and ran for the hills, convinced Felix was some sort of sorcerer. Felix, however, was too busy panicking to care about his newfound fame as "the floating kid."

The Secret is Out

After that day, Felix became obsessed with figuring out what had caused him to float. Every time he thought about the incident, his stomach would churn with nervous energy, but he couldn't recreate the sensation. Then it hit him—it only happened when he was really scared or nervous.

Felix spent the next few days testing his theory. He tried scaring himself by watching horror movies (no luck), pretending to forget his homework (nothing), and even sneaking into the school's dark basement (just goosebumps, no floating).

But on Wednesday, when Mrs. Pringle, his strict math teacher, called him to solve an impossibly hard equation on the board, it happened again. Felix's knees buckled with fear, his hands started shaking—and suddenly, he was rising into the air, right in front of the entire class.

Mrs. Pringle's glasses slid down her nose, her eyes widening in shock. The class burst into hysterical laughter, except for Felix, who hovered near the ceiling, his heart pounding.

"Oh no, not again!" Felix muttered, trying desperately to float back down. His mind raced as the kids below pointed and whispered.

He wobbled, spun, and finally dropped back into his seat with a thud. The room fell silent. Mrs. Pringle blinked a few times before deciding she'd seen enough. Without a word, she wrote him a hall pass to see the school nurse.

Life in the Clouds

From that day on, Felix's life became an adventure. His secret power was both a blessing and a curse. While he could fly whenever his nerves kicked in, he had no control over it, which led to many close calls.

There was the time he nearly floated out of a classroom window during a pop quiz. Then there was the day he rose above the school during gym class and had to pretend he was just "stretching." Worst of all was when he soared into the air after spotting Bruiser Bob and his gang in the hallway, leaving his backpack on the floor as evidence.

But despite all the mishaps, Felix was starting to feel something he'd never felt before—confidence. Sure, he still got anxious, and yes, his powers were unpredictable, but he was special. Felix had always tried to fit in, but now he realized that maybe being different wasn't such a bad thing after all.

The Showdown

One fateful afternoon, Bruiser Bob and his cronies cornered Felix by the bike racks.

"You think you're some kind of superhero, don't you, Feeble Felix?" Bob sneered.

Felix's heart began to race. He felt the familiar surge of panic building inside him. His legs trembled, his stomach flipped, and he knew what was coming.

But this time, instead of fearing it, Felix embraced it.

As his feet lifted off the ground, Felix smiled. He floated higher and higher until he was above Bruiser Bob's head, looking down at him. The bullies gaped in horror.

"I'm not afraid of you anymore," Felix declared. He floated gracefully, circling them like a hawk. "And you know what? You should be scared of me."

Bruiser Bob's face went pale. "Y-you can't stay up there forever!" he stammered.

Felix grinned. "Maybe not. But I can stay up here long enough to make sure you leave me alone."

The bullies ran, tripping over each other in their haste to escape.

Felix floated back down to the ground with a triumphant thud. He dusted off his trousers and realized, for the first time in his life, that his nervousness wasn't something to be ashamed of. It was his superpower.

Flying into the Future

From that day forward, Felix learned to manage his anxiety and his flying. He still floated unexpectedly from time to time, but instead of feeling embarrassed, he owned it. His classmates even began to look up to him (quite literally).

Felix, the boy who once felt trapped by his worries, had learned to soar—both in the sky and in life. And as he floated above the playground one bright sunny day, Felix smiled, knowing that he was more than just Feeble Felix. He was Felix Featherstone, the boy who could fly.

Il Ragazzo Volante

C'era una volta un ragazzo di nome Felix Featherstone, un comune dodicenne che frequentava la scuola primaria St. Bumble. Felix era quello che si potrebbe definire un professionista dell'ansia. Se c'era qualcosa di cui preoccuparsi, Felix era già due passi avanti, in pieno panico. Si preoccupava per i compiti, per il suo dente leggermente storto, ma soprattutto—per i bulli. In particolare, il temibile trio: Bob Bruto, Nigel Il Cattivo e Harry L'Orribile.

Felix si era sempre sentito diverso, ma non in senso positivo. Quel nodo di ansia allo stomaco era il suo compagno costante. Odiava il modo in cui le mani gli tremavano ogni volta che doveva parlare davanti alla classe o quando percepiva che stava per succedere qualcosa di brutto. Poco sapeva, però, che la sua ansia nascondeva un potere segreto. Un potere così strano, così straordinario, che nemmeno Felix si rendeva conto di possederlo. Almeno, fino al giorno in cui accadde.

Il Giorno dell'Incidente

Era un freddo lunedì mattina, quando la vita di Felix cambiò per sempre. Si trovava nel cortile della scuola, cercando di evitare i bulli, quando improvvisamente lo sentì: l'inconfondibile risata di Bob Bruto. Felix si immobilizzò. Il cuore iniziò a battere più forte, le mani sudavano, mentre sentiva una mano afferrargli il colletto da dietro.

"Beh, beh, beh, chi abbiamo qui? Felix Il Debole," sogghignò Bob Bruto, stringendo ancora di più la presa.

Nigel Il Cattivo e Harry L'Orribile gli giravano attorno come squali.

Le viscere di Felix si contorsero dalla paura. Il nodo allo stomaco si strinse così tanto che sentì come se potesse volare via. E poi... volò davvero.

All'inizio, Felix non se ne accorse. Il suo corpo sembrava più leggero e il mondo pareva rallentare. Strinse gli occhi, preparandosi a ricevere un pugno che non arrivò mai. Quando li riaprì, i bulli erano ancora lì—ma molto al di sotto di lui. Felix fluttuava a un metro e mezzo da terra!

Bob Bruto, Nigel Il Cattivo e Harry L'Orribile lo fissavano a bocca aperta, increduli. Anche Felix era senza parole. Il suo corpo fluttuava a mezz'aria come un palloncino gonfiato a elio.

"Che... Che cosa sta succedendo?!" balbettò.

I bulli urlarono e fuggirono a gambe levate, convinti che Felix fosse una specie di stregone. Felix, tuttavia, era troppo impegnato a farsi prendere dal panico per preoccuparsi della sua nuova fama di "ragazzo volante".

Il Segreto è Svelato

Dopo quel giorno, Felix divenne ossessionato dal capire cosa gli avesse fatto fluttuare. Ogni volta che ripensava all'incidente, lo stomaco gli si agitava di energia nervosa, ma non riusciva a ricreare la sensazione. Poi capì—succedeva solo quando era veramente spaventato o nervoso.

Felix passò i giorni successivi a testare la sua teoria. Provò a spaventarsi guardando film horror (niente da fare), fingendo di aver dimenticato i compiti (ancora nulla), e persino entrando di nascosto nel buio seminterrato della scuola (solo brividi, nessun volo).

Ma il mercoledì, quando la severa insegnante di matematica, la signora Pringle, lo chiamò alla lavagna per risolvere un'equazione impossibile, accadde di nuovo. Le ginocchia di Felix si piegarono per la paura, le mani cominciarono a tremare—e all'improvviso, si ritrovò a sollevarsi in aria, proprio davanti a tutta la classe.

Gli occhiali della signora Pringle scivolarono sul naso e i suoi occhi si spalancarono per lo shock. La classe esplose in una risata isterica, tranne Felix, che fluttuava vicino al soffitto, con il cuore che gli batteva all'impazzata.

"Oh no, di nuovo no!" mormorò Felix, cercando disperatamente di tornare giù. Mentre i ragazzi sotto di lui indicavano e sussurravano, Felix girava su se stesso, si sbilanciava e infine atterrò di colpo sul suo banco. La stanza cadde in silenzio. La signora Pringle sbatté le palpebre un paio di volte, poi decise che aveva visto abbastanza. Senza dire una parola, gli scrisse un permesso per andare dall'infermiera della scuola.

Vita tra le Nuvole

Da quel giorno, la vita di Felix divenne un'avventura. Il suo potere segreto era sia una benedizione che una maledizione.

Mentre poteva volare ogni volta che i nervi prendevano il sopravvento, non aveva alcun controllo su di esso, il che lo portò a vivere molti momenti critici.

Una volta stava per volare fuori dalla finestra durante un quiz a sorpresa. Poi c'era il giorno in cui si alzò sopra la scuola durante la lezione di ginnastica e dovette fingere di fare "stretching." Il peggio fu quando volò in aria dopo aver visto Bob Bruto e la sua banda nel corridoio, lasciando lo zaino sul pavimento come prova.

Ma nonostante tutti questi incidenti, Felix iniziava a provare qualcosa che non aveva mai sentito prima—fiducia in sé stesso. Certo, era ancora ansioso, e sì, i suoi poteri erano imprevedibili, ma lui era speciale. Felix aveva sempre cercato di integrarsi, ma ora capiva che forse essere diverso non era così male, dopotutto.

Lo Scontro Finale

Un pomeriggio fatale, Bob Bruto e i suoi compari accerchiarono Felix vicino ai porta-bici.

"Tu pensi di essere una specie di supereroe, vero, Felix Il Debole?" sogghignò Bob.

Il cuore di Felix iniziò a battere forte. Sentì il familiare aumento di panico dentro di lui. Le gambe tremavano, lo stomaco si capovolgeva e sapeva cosa stava per accadere.

Ma questa volta, invece di averne paura, Felix lo abbracciò.

Mentre i suoi piedi si sollevavano da terra, Felix sorrise. Fluttuava sempre più in alto, finché non fu sopra la testa di Bob Bruto, guardandolo dall'alto. I bulli lo fissavano terrorizzati.

"Non ho più paura di voi," dichiarò Felix. Fluttuava con grazia, girando attorno a loro come un falco. "E sapete una cosa? Dovreste essere voi a temere me."

Il volto di Bob Bruto impallidì. "N-non puoi restare lì per sempre!" balbettò.

Felix sorrise. "Forse no. Ma posso restare qui abbastanza a lungo da assicurarvi che mi lascerete in pace."

I bulli fuggirono, inciampando l'uno sull'altro nella fretta di scappare.

Felix atterrò di nuovo a terra con un tonfo trionfante. Si spolverò i pantaloni e si rese conto, per la prima volta nella sua vita, che la sua ansia non era qualcosa di cui vergognarsi. Era il suo superpotere.

Volando Verso il Futuro

Da quel giorno, Felix imparò a gestire la sua ansia e il suo volo. Continuava a fluttuare all'improvviso di tanto in tanto, ma invece di sentirsi imbarazzato, ne andava fiero. I suoi compagni di classe iniziarono persino ad ammirarlo (letteralmente).

Felix, il ragazzo che un tempo si sentiva prigioniero delle sue paure, aveva imparato a volare—sia in cielo che nella vita. E mentre fluttuava sopra il parco giochi in un giorno luminoso e soleggiato, Felix sorrise, sapendo che non era più solo Felix Il Debole. Era Felix Featherstone, il ragazzo che poteva volare.

The Cake That Could Talk

Milly Moss was a curious, mischievous girl of about ten years old, with wild curls and an even wilder imagination. Her favorite thing to do was sneak into the kitchen and experiment with bizarre ingredients to create weird and wonderful dishes. But there was one thing Milly had never managed to perfect—a cake. Every time she tried, it ended in disaster. Sometimes the cake was too dry, sometimes too soggy, and once it even caught fire!

One day, while rummaging through the dusty cupboards for inspiration, Milly found an old, weathered cookbook she had never seen before. The cover read: "Madam Morgana's Marvelous Recipes." Intrigued, she flipped it open to a page that caught her eye: "The Most Marvelous Cake in the World: WARNING—May Talk Back."

Milly's eyes widened with excitement. A talking cake? This sounded too good to be true! Without a second thought, she decided she had to make it.

Baking the Marvelous Cake

The recipe called for some rather peculiar ingredients: a dash of dragon's breath, a pinch of pixie dust, and a single tear from a laughing cat. "Well, that's just silly," Milly muttered, but she went ahead with the recipe anyway, improvising as she always did. Instead of dragon's breath, she used some spicy pepper flakes.

Instead of pixie dust, she added extra sugar. And as for the tear from a laughing cat, Milly didn't have a cat—but she did have her mother's jar of apricot jam, which she decided was close enough.

With a few extra sprinkles of this and a splash of that, Milly poured the mixture into a pan and placed it in the oven. She waited impatiently, tapping her fingers on the counter and sniffing the air as the sweet smell of cake filled the kitchen. When the timer dinged, she yanked the oven door open and gasped.

The cake was perfect. Golden, fluffy, and smelling of caramel and chocolate. But as she reached out to touch it, something extraordinary happened.

"Oi! Hands off, you cheeky little thing!" the cake shouted in a gruff voice.

Milly leaped back in shock, her eyes wide as saucers. "D-did you just—"

"Yes, I did!" snapped the cake. "I'm not just any cake, you know. I'm Marvelous!"

Milly couldn't believe it. The cake was talking. Not just talking, but sassing her!

"I followed the recipe," she stammered. "I didn't think it would actually work."

"Well, you clearly didn't follow it exactly, did you?" the cake huffed. "Pixie dust? Ha! What you put in there was closer to glitter! And I don't even want to talk about that apricot jam nonsense. Laughing cat's tear, my foot!"

Milly giggled. Despite its crankiness, the cake was hilarious.

The Cake's Mischief Begins

The cake, however, wasn't content to just sit on the kitchen counter. Oh no. It had plans. Big plans. "Listen, girl," it said, rolling its spongey self toward her. "I don't want to be stuck here in this dreary kitchen with you. We need adventure, excitement! I didn't come to life just to be eaten."

"What do you mean 'we'?" Milly asked, raising an eyebrow.

"I mean we're going out there to explore the world," the cake said with determination. "We'll get rich, famous even! And you can have all the cakes you want. Imagine that!"

Milly hesitated. A part of her knew this was a bad idea, but curiosity got the better of her. "Alright," she said with a mischievous grin. "What do we do first?"

"First," the cake declared, "we need allies. Powerful ones. Let's start with the animals—they always know more than they let on."

A Talking Cake, Talking Animals, and Greedy Adults

With the cake wobbling along beside her, Milly headed out to the garden, where she often saw squirrels darting about and birds chirping from the trees. As they reached the edge of the woods, a squirrel popped its head out of a tree hollow.

"Oi, Squirrel!" the cake called out. "Want to join a grand adventure?"

The squirrel blinked in surprise but then nodded eagerly. "I'm in! What's the plan?"

The cake grinned (as much as a cake can). "Simple. We're going to make some mischief, teach some greedy grown-ups a lesson, and maybe—just maybe—take over the world!"

The squirrel clapped its paws excitedly, and soon, a few other woodland animals joined in—a chatty bluebird, a sneaky fox, and a wise old owl. They all gathered around, ready for adventure.

The first target? Mr. Grumble, the grumpy old man who owned the bakery in town. Mr. Grumble was known for hoarding all the best ingredients, but he never shared his treats with anyone unless they could pay him a fortune.

"Let's give him a taste of his own medicine," the cake whispered to Milly, its voice full of mischief.

Mr. Grumble Gets His Just Desserts

That evening, while Mr. Grumble was fast asleep, Milly, the talking cake, and their animal allies sneaked into the bakery. The cake jumped up onto the counter, and with a wink, it whispered, "Time to teach him not to be so greedy."

The cake began to rise—literally. It grew bigger and bigger, puffing up until it was the size of a small car. Then, with a loud POP, it exploded, showering the bakery in a glorious rain of icing, sprinkles, and chocolate chips.

Mr. Grumble woke with a start, covered head to toe in cake. He stumbled into the kitchen, horrified to see his precious bakery now a sugary disaster zone. "What—what happened?!" he shrieked.

The cake, now back to its regular size, perched proudly on the counter and said, "That's what happens when you hog all the good stuff for yourself. Time to start sharing!"

Mr. Grumble blinked, too stunned to argue. From that day forward, he became the most generous baker in town, giving away his treats to anyone who asked.

The Consequences of Greed

Word of the talking cake and its mischievous adventures spread like wildfire. Soon, every greedy adult in town began to fear the cake's next prank. Even Milly's own parents, who had been known to pinch pennies and scold her for her wild imagination, started being kinder, more generous. They even encouraged Milly's cooking experiments, despite the occasional kitchen disaster.

But not all was perfect. One day, as Milly and the cake plotted their next move, the cake sighed deeply. "You know, Milly," it said, "I was only supposed to be a cake. Not a ringleader, not a prankster. Just a cake."

Milly frowned. "But you're so much more than that now."

"Yes," the cake agreed, "but maybe, just maybe, it's time for me to go back to being what I was meant to be."

With a flicker of sadness, Milly realized the cake was right. It had been fun, but too much mischief had consequences. People were becoming paranoid, and Milly didn't want to be responsible for causing more trouble.

The Sweet Goodbye

That evening, Milly invited the animals back to the kitchen. Together, they gathered around the cake, which sat quietly on the counter.

"Time to say goodbye, old friend," Milly said softly.

The cake nodded, its once-sassy voice now quiet. "It's been a good run, hasn't it?"

Milly smiled. "The best."

With one last wink, the cake said, "Remember, Milly—curiosity is wonderful, but too much greed can ruin everything. Keep that in mind."

And with that, the cake slowly crumbled into soft, sweet pieces, no longer alive but leaving behind a trail of frosting, sprinkles, and memories of a marvelous, mischievous adventure.

La Torta Parlante

Milly Moss era una ragazza curiosa e birichina di circa dieci anni, con riccioli selvaggi e un'immaginazione ancora più selvaggia. La sua cosa preferita da fare era intrufolarsi in cucina e sperimentare ingredienti bizzarri per creare piatti strani e meravigliosi. Ma c'era una cosa che Milly non era mai riuscita a perfezionare: una torta. Ogni volta che ci provava, finiva in disastro. A volte la torta era troppo secca, a volte troppo molle, e una volta aveva addirittura preso fuoco!

Un giorno, mentre frugava tra i vecchi scaffali impolverati in cerca di ispirazione, Milly trovò un libro di cucina vecchio e logoro che non aveva mai visto prima. La copertina diceva: "Le Ricette Meravigliose di Madame Morgana." Incuriosita, lo sfogliò fino a una pagina che catturò la sua attenzione: "La Torta Più Meravigliosa del Mondo: ATTENZIONE—Potrebbe Rispondere."

Gli occhi di Milly si spalancarono per l'eccitazione. Una torta parlante? Sembrava troppo bello per essere vero! Senza pensarci due volte, decise che doveva farla.

Preparare la Torta Meravigliosa

La ricetta richiedeva degli ingredienti piuttosto strani: un pizzico di respiro di drago, un po' di polvere di fata, e una singola lacrima di un gatto che ride. "Beh, che sciocchezza," borbottò Milly, ma continuò con la ricetta comunque, improvvisando come faceva sempre. Invece del respiro di drago, usò un po' di peperoncino piccante. Invece della polvere di fata, aggiunse zucchero extra. E per quanto riguarda la lacrima di un gatto che ride, Milly non aveva un gatto, ma aveva il barattolo di marmellata di albicocche della sua mamma, che decise fosse abbastanza simile.

Con qualche altra spruzzata di questo e un pizzico di quello, Milly versò il composto in una teglia e lo mise in forno. Aspettò impazientemente, tamburellando le dita sul bancone e annusando l'aria mentre il dolce profumo della torta riempiva la cucina. Quando il timer suonò, aprì lo sportello del forno con un colpo e rimase senza fiato.

La torta era perfetta. Dorata, soffice e profumava di caramello e cioccolato. Ma quando allungò la mano per toccarla, accadde qualcosa di straordinario.

"Ehi! Giù le mani, piccola sfacciata!" la torta gridò con una voce burbera.

Milly balzò indietro scioccata, con gli occhi spalancati come piattini. "H-hai appena—"

"Sì, l'ho fatto!" sbottò la torta. "Non sono mica una torta qualunque, lo sai. Sono Meravigliosa!"

Milly non poteva crederci. La torta stava parlando. Non solo parlava, ma le stava rispondendo in modo impertinente!

"Ho seguito la ricetta," balbettò. "Non pensavo che avrebbe funzionato davvero."

"Beh, chiaramente non l'hai seguita esattamente, vero?" sbuffò la torta. "Polvere di fata? Ah! Quello che ci hai messo era più vicino ai brillantini! E non voglio nemmeno parlare di quella storia della marmellata di albicocche. Lacrima di gatto che ride, mio piede!"

Milly rise. Nonostante il suo caratteraccio, la torta era esilarante.

Gli Scherzi della Torta

La torta, però, non si accontentava di restare lì sul bancone della cucina. Oh no. Aveva dei piani. Grandi piani. "Ascolta, ragazza," disse, rotolando con il suo corpo spugnoso verso di lei. "Non voglio restare qui in questa cucina noiosa con te. Abbiamo bisogno di avventura, emozione! Non sono venuta al mondo solo per essere mangiata."

"Cosa intendi con 'noi'?" chiese Milly, sollevando un sopracciglio.

"Intendo che noi andremo là fuori a esplorare il mondo," disse la torta con determinazione. "Diventeremo ricchi, famosi persino! E tu potrai avere tutte le torte che vuoi. Immagina un po'!"

Milly esitò. Una parte di lei sapeva che era una cattiva idea, ma la curiosità ebbe la meglio. "Va bene," disse con un sorrisetto furbo. "Cosa facciamo per prima cosa?"

"Per prima cosa," dichiarò la torta, "abbiamo bisogno di alleati. Potenti. Cominciamo con gli animali: loro sanno sempre più di quanto lasciano intendere."

Una Torta Parlante, Animali Parlanti e Adulti Avidi

Con la torta che traballava al suo fianco, Milly si diresse verso il giardino, dove spesso vedeva scoiattoli scorrazzare e uccelli cinguettare dagli alberi. Quando arrivarono al limite del bosco, uno scoiattolo sbucò fuori da una cavità di un albero.

"Ehi, Scoiattolo!" chiamò la torta. "Vuoi unirti a un'avventura grandiosa?"

Lo scoiattolo sbatté le palpebre sorpreso, ma poi annuì entusiasta. "Ci sto! Qual è il piano?"

La torta sorrise (per quanto possa sorridere una torta). "Semplice. Faremo qualche marachella, daremo una lezione agli adulti avidi, e magari—solo magari—conquisteremo il mondo!"

Lo scoiattolo batté le zampe eccitato e presto si unirono anche altri animali del bosco: un chiacchierone pettirosso, una volpe furba e un vecchio gufo saggio. Si radunarono tutti intorno, pronti per l'avventura.

Il primo obiettivo? Il signor Brontolo, il vecchio burbero che possedeva la panetteria in città. Il signor Brontolo era noto per accumulare tutti i migliori ingredienti, ma non condivideva mai i suoi dolci con nessuno, a meno che non potessero pagargli una fortuna.

"Diamo una lezione a lui," sussurrò la torta a Milly, con la voce piena di malizia.

Il Signor Brontolo Riceve la Sua Giusta Paga

Quella sera, mentre il signor Brontolo dormiva profondamente, Milly, la torta parlante e i loro alleati animali si intrufolarono nella panetteria. La torta saltò sul bancone e con un occhiolino sussurrò: "È ora di insegnargli a non essere così avaro."

La torta iniziò a crescere—letteralmente. Diventò sempre più grande, gonfiandosi fino a raggiungere le dimensioni di una piccola macchina. Poi, con un forte POP, esplose, spargendo per tutta la panetteria una pioggia gloriosa di glassa, zuccherini e gocce di cioccolato.

Il signor Brontolo si svegliò di soprassalto, coperto dalla testa ai piedi di torta. Barcollò fino alla cucina, inorridito nel vedere la sua preziosa panetteria ridotta a un disastro zuccheroso. "Che—che è successo?!" urlò.

La torta, ora tornata alla sua dimensione normale, si posò orgogliosamente sul bancone e disse: "Questo è quello che succede quando tieni tutte le cose buone per te. È ora di iniziare a condividere!"

Il signor Brontolo sbatté le palpebre, troppo scioccato per replicare. Da quel giorno in poi, divenne il fornaio più generoso della città, regalando le sue prelibatezze a chiunque ne facesse richiesta.

Le Conseguenze dell'Avidità

La voce della torta parlante e delle sue avventure birichine si diffuse rapidamente. Ben presto, ogni adulto avido in città iniziò a temere il prossimo scherzo della torta. Persino i genitori di Milly, noti per essere tirchi e per sgridarla a causa della sua fervida immaginazione, iniziarono a essere più gentili e generosi.

Incoraggiarono persino gli esperimenti culinari di Milly, nonostante i disastri occasionali in cucina.

Ma non tutto era perfetto. Un giorno, mentre Milly e la torta complottavano la loro prossima mossa, la torta sospirò profondamente. "Sai, Milly," disse, "ero destinata solo a essere una torta. Non un capo, non una burlona. Solo una torta."

Milly aggrottò la fronte. "Ma ora sei molto di più."

"Sì," ammise la torta, "ma forse, solo forse, è il momento che io torni a essere ciò che ero destinata a essere."

Con un filo di tristezza, Milly si rese conto che la torta aveva ragione. Era stato divertente, ma troppa malizia aveva delle conseguenze. Le persone stavano diventando paranoiche, e Milly non voleva essere responsabile di causare altri problemi.

Il Dolce Addio

Quella sera, Milly invitò gli animali a tornare in cucina. Insieme, si radunarono intorno alla torta, che stava quieta sul bancone.

"È ora di dire addio, vecchio amico," disse Milly dolcemente.

La torta annuì, la sua voce un tempo sbarazzina ora calma. "È stata una bella avventura, non è vero?"

Milly sorrise. "La migliore."

Con un ultimo occhiolino, la torta disse: "Ricorda, Milly—la curiosità è meravigliosa, ma troppa avidità può rovinare tutto. Tienilo a mente."

E con ciò, la torta si sbriciolò lentamente in pezzi soffici e dolci, non più viva ma lasciando dietro di sé una scia di glassa, zuccherini e ricordi di un'avventura meravigliosa e birichina.

25

The Brave Donkey and the Scared Lion

Once upon a time, in a small village nestled between a towering mountain and a dark, tangled forest, lived a brave little donkey named Dario. Dario was known throughout the village for his courage. He wasn't the fastest or the strongest, but he had a heart as big as the sky, and no matter what challenges came his way, he faced them head-on with a fearless grin.

One sunny morning, the village elder called Dario to the square. "Dario," he said in his wise, gravelly voice, "we need you to deliver this special medicine to the other side of the forest. A young girl is sick, and without this, she may not survive."

The villagers murmured nervously. The forest was a dangerous place, full of wild animals and treacherous paths. But Dario, brave as always, nodded without hesitation. "I'll do it!" he said, stamping his hooves determinedly. He packed the medicine into his saddlebag and set off on the long journey, waving goodbye to the villagers who wished him well.

The Scared Lion

As Dario trotted toward the forest, he couldn't help but feel a tiny flutter of nervousness in his stomach. The trees looked dark and menacing, and the wind howled like a ghost through the branches. But he kept walking, head held high.

Deeper into the forest he went, when suddenly, he heard a strange sound. It wasn't the wind. It was more of a whimper, a soft cry of distress. Curious, Dario followed the sound until he came upon a most unexpected sight—a lion, the King of the Jungle, curled up beneath a large oak tree, trembling with fear.

Dario blinked in surprise. "Are you... crying?" he asked gently.

The lion, startled, looked up with wide, teary eyes. "Who—who are you?" the lion stammered, his voice shaky.

"I'm Dario, the brave donkey," Dario replied. "What's your name?"

"L-Leo," the lion said softly.

Dario tilted his head. "But you're a lion! Lions are supposed to be brave and strong. Why are you so scared?"

Leo sniffled and curled his tail around himself tightly. "I'm afraid of the forest," he admitted. "The rustling leaves, the shadows, the sounds... they all frighten me. I've never been very brave."

Dario thought for a moment and then smiled kindly. "Well, you don't have to be scared alone. Why don't you come with me? I'm delivering medicine to the other side of the forest. We can face the journey together."

Leo looked doubtful. "But... I'm not brave like you."

"Bravery doesn't mean you're never scared," Dario said. "It means doing something even when you are scared. We'll help each other."

Leo hesitated, but then, seeing the kindness in Dario's eyes, he slowly got to his feet. "Alright," he whispered. "I'll try."

And so, the brave donkey and the scared lion set off together, side by side.

The Forest's First Test

The forest seemed darker and more dangerous the deeper they went. Strange noises echoed all around them, and the trees loomed overhead like giant monsters. Leo flinched at every sound, but Dario stayed calm, giving him encouraging nudges along the way.

Suddenly, there was a rustling in the bushes ahead. Out sprang a pack of snarling wild boars, their tusks gleaming in the dim light.

Leo froze in terror, his heart pounding in his chest. "What do we do?" he squeaked.

Dario stepped forward, standing tall. "Leave us alone!" he shouted boldly, stamping his hoof. "We don't want any trouble!"

The boars sneered. "Or what?" one of them growled.

Dario took a deep breath. His legs trembled slightly, but he stood his ground. "Or you'll have to deal with both of us!" he said, giving Leo a glance.

Leo's eyes widened in shock. He wasn't used to standing up for himself, but he saw the trust in Dario's eyes. So, summoning all his courage, Leo let out a roar—a small one, but it was enough to make the boars take a step back.

Seeing this, Dario gave a loud bray and stomped his hooves again. The boars, now uncertain, grumbled and eventually scurried off into the underbrush.

"Well done!" Dario cheered, patting Leo's side. "See? You were brave!"

Leo blinked in surprise. "I... I was, wasn't I?"

The River of Doubt

The two continued their journey, feeling a little more confident. But soon, they came across another obstacle: a wide, rushing river, its waters frothing and swirling with dangerous currents. There was no bridge in sight, only slippery stones that formed a precarious path across the river.

Dario studied the stones carefully. "We'll have to jump from stone to stone to get across," he said.

"But what if I fall in?" Leo asked, his voice quivering.

"You won't," Dario said reassuringly. "I'll go first, and I'll help you."

With that, the brave little donkey leaped onto the first stone. He was light on his hooves, and despite the slippery surface, he managed to stay balanced. One by one, he hopped across the stones until he reached the other side.

"Now it's your turn!" he called to Leo.

Leo took a deep breath, his legs shaking. He placed one paw on the first stone, then another. It wobbled beneath him, and for a moment, he thought he might tumble into the river. But then he heard Dario's encouraging voice. "You can do it, Leo! Don't look down—just keep going!"

Slowly, carefully, Leo jumped to the next stone, then the next. His heart pounded in his chest, but with each leap, he grew a little braver. Finally, with one last jump, Leo made it to the other side, where Dario was waiting for him with a big grin.

"You did it!" Dario cheered.

Leo puffed out his chest, feeling a warmth of pride he hadn't felt before. "I did, didn't I?"

The Final Challenge

After what felt like hours, the brave donkey and the scared lion finally reached the edge of the forest. But just as they thought the worst was behind them, a dark figure appeared in the path—a large, snarling wolf with glowing eyes and sharp, gleaming teeth.

"Well, well," the wolf growled, licking its lips. "What do we have here? A tasty donkey and a trembling lion?"

Leo backed up in fear, his tail tucked between his legs. "I... I can't do this," he whispered, his voice shaking.

But Dario stepped forward, standing tall. "You can, Leo," he said softly. "Remember what we've been through. You're not the same lion you were before. We'll face him together."

Leo looked at Dario, his heart pounding. Could he really be brave?

The wolf prowled closer, its teeth bared. Dario brayed loudly, but it wasn't enough to scare the wolf away.

Leo knew this was the moment. He couldn't run. He couldn't hide. He had to be brave—not just for himself, but for his friend. Summoning all his courage, Leo let out the loudest, fiercest roar he had ever roared.

The sound echoed through the trees, shaking the very ground beneath them. The wolf froze, eyes wide with shock. Then, with a whimper, it turned tail and sprinted back into the forest, disappearing into the shadows.

Dario beamed with pride. "You did it, Leo! You were amazing!"

Leo, panting but smiling, nodded. "We did it—together."

Home and the True Meaning of Bravery

Finally, the two friends reached the village on the other side of the forest, where the sick girl's family greeted them with tears of joy. The medicine was delivered just in time, and the girl recovered quickly. The villagers celebrated Dario and Leo, thanking them for their bravery.

As they made their way back through the forest, Dario turned to Leo. "You know, I think you were always brave," he said. "You just needed a friend to remind you."

Leo smiled. "And I think you were right—bravery isn't about never being scared. It's about facing your fears, even when you are."

From that day forward, Dario and Leo were the best of friends, and together, they faced every challenge with courage, kindness, and the knowledge that true bravery is found in friendship.

33

L'Asino Coraggioso e il Leone Spaventato

C'era una volta, in un piccolo villaggio incastonato tra una montagna imponente e una foresta oscura e intricata, un coraggioso asinello di nome Dario. Dario era conosciuto in tutto il villaggio per il suo coraggio. Non era il più veloce né il più forte, ma aveva un cuore grande come il cielo e, qualunque sfida si presentasse, la affrontava a viso aperto con un sorriso temerario.

Una mattina soleggiata, il saggio del villaggio chiamò Dario nella piazza. "Dario," disse con la sua voce saggia e rauca, "abbiamo bisogno che tu consegni questo speciale medicinale dall'altra parte della foresta. Una giovane ragazza è malata, e senza questo, potrebbe non sopravvivere."

Gli abitanti del villaggio mormorarono nervosamente. La foresta era un luogo pericoloso, pieno di animali selvaggi e sentieri insidiosi. Ma Dario, coraggioso come sempre, annuì senza esitazione. "Lo farò!" esclamò, battendo determinato gli zoccoli. Mise il medicinale nella sua sella e partì per il lungo viaggio, salutando gli abitanti del villaggio che gli auguravano buona fortuna.

Il Leone Spaventato

Mentre Dario trottava verso la foresta, non poté fare a meno di sentire un piccolo brivido di nervosismo nello stomaco. Gli alberi apparivano scuri e minacciosi, e il vento ululava come un fantasma tra i rami. Ma continuò a camminare, con la testa alta.

Si addentrò nella foresta, quando improvvisamente udì un suono strano. Non era il vento. Era più un guaito, un lamento morbido di disagio. Curioso, Dario seguì il suono finché non si trovò davanti a una vista inaspettata: un leone, il Re della Giungla, rannicchiato sotto un grande albero di quercia, tremante di paura.

Dario sbatté le palpebre in sorpresa. "Stai... piangendo?" chiese dolcemente.

Il leone, sorpreso, guardò in su con gli occhi spalancati e pieni di lacrime. "Chi—chi sei?" balbettò il leone, la sua voce tremante.

"Sono Dario, l'asinello coraggioso," rispose Dario. "Qual è il tuo nome?"

"L-Leo," disse il leone a bassa voce.

Dario inclinò la testa. "Ma sei un leone! I leoni dovrebbero essere coraggiosi e forti. Perché hai così tanta paura?"

Leo si asciugò il naso e arricciò la coda attorno a sé. "Ho paura della foresta," ammise. "Il fruscio delle foglie, le ombre, i suoni... mi spaventano tutti. Non sono mai stato molto coraggioso."

Dario rifletté per un momento e poi sorrise gentilmente. "Beh, non devi avere paura da solo. Perché non vieni con me? Sto consegnando un medicinale dall'altra parte della foresta. Possiamo affrontare il viaggio insieme."

Leo sembrava dubbioso. "Ma... non sono coraggioso come te."

"La coraggio non significa non avere mai paura," disse Dario. "Significa fare qualcosa anche quando hai paura. Ci aiuteremo a vicenda."

Leo esitò, ma poi, vedendo la gentilezza negli occhi di Dario, si alzò lentamente in piedi. "Va bene," sussurrò. "Ci proverò."

E così, l'asinello coraggioso e il leone spaventato partirono insieme, fianco a fianco.

La Prima Prova della Foresta

La foresta sembrava più scura e pericolosa man mano che avanzavano. Suoni strani risuonavano attorno a loro, e gli alberi si ergevano come mostri giganteschi. Leo sussultava a ogni suono, ma Dario rimaneva calmo, incoraggiandolo lungo il cammino.

Improvvisamente, si sentì un fruscio tra i cespugli davanti a loro. Saltò fuori un branco di cinghiali ringhianti, con le zanne che brillavano nella luce fioca.

Leo si congelò dalla paura, il cuore che batteva forte nel petto. "Cosa facciamo?" strillò.

Dario fece un passo avanti, erigendosi in tutta la sua altezza. "Lasciateci in pace!" gridò con coraggio, battendo gli zoccoli. "Non vogliamo problemi!"

I cinghiali sorrisero sarcasticamente. "O cosa?" ringhiò uno di loro.

Dario respirò profondamente. Le sue gambe tremavano leggermente, ma mantenne la sua posizione. "O dovrete affrontare entrambi noi!" disse, lanciando uno sguardo a Leo.

Gli occhi di Leo si spalancarono dallo shock. Non era abituato a difendersi, ma vide la fiducia negli occhi di Dario. Così, raccogliendo tutto il suo coraggio, Leo emise un ruggito—piccolo, ma sufficiente a far indietreggiare i cinghiali.

Vedendo questo, Dario emise un forte raglio e batté gli zoccoli di nuovo. I cinghiali, ora incerti, borbottarono e alla fine scapparono nel sottobosco.

"Bravo!" esclamò Dario, accarezzando il fianco di Leo. "Vedi? Sei stato coraggioso!"

Leo sbatté le palpebre in sorpresa. "Io... io lo sono stato, vero?"

Il Fiume del Dubbio

I due continuarono il loro viaggio, sentendosi un po' più sicuri. Ma presto si trovarono di fronte a un altro ostacolo: un ampio fiume in piena, le cui acque ribollivano e vorticosavano con correnti pericolose. Non c'era ponte in vista, solo pietre scivolose che formavano un percorso precario attraverso il fiume.

Dario esaminò attentamente le pietre. "Dobbiamo saltare da pietra a pietra per attraversare," disse.

"Ma cosa succede se cado dentro?" chiese Leo, la sua voce tremante.

"Non cadrà," disse Dario rassicurante. "Io andrò per primo, e ti aiuterò."

Con questo, il coraggioso asinello saltò sulla prima pietra. Era leggero sugli zoccoli e, nonostante la superficie scivolosa, riuscì a mantenere l'equilibrio. Uno dopo l'altro, saltò sulle pietre fino a raggiungere l'altro lato.

"Ora tocca a te!" chiamò a Leo.

Leo prese un profondo respiro, le gambe tremanti. Mise una zampa sulla prima pietra, poi l'altra. Questa tremò sotto di lui e, per un momento, pensò di poter cadere nel fiume. Ma poi sentì la voce incoraggiante di Dario. "Puoi farcela, Leo! Non guardare in basso—vai avanti!"

Lentamente e con cautela, Leo saltò sulla pietra successiva, poi sulla seguente. Il cuore gli batteva nel petto, ma con ogni salto cresceva un po' più coraggioso. Infine, con un ultimo salto, Leo raggiunse l'altro lato, dove Dario lo stava aspettando con un grande sorriso.

"Ce l'hai fatta!" esclamò Dario.

Leo si gonfiò il petto, sentendo un calore di orgoglio che non aveva mai provato prima. "Ce l'ho fatta, vero?"

La Sfida Finale

Dopo quello che sembrò un'eternità, l'asinello coraggioso e il leone spaventato raggiunsero finalmente il bordo della foresta. Ma proprio quando pensavano che il peggio fosse passato, una figura scura apparve nel sentiero—un grande lupo ringhioso con occhi luminosi e denti affilati e lucenti.

"Beh, beh," ringhiò il lupo, leccandosi le labbra. "Cosa abbiamo qui? Un gustoso asinello e un leone tremante?"

Leo indietreggiò spaventato, con la coda tra le gambe. "Io... non posso farlo," sussurrò, la sua voce tremante.

Ma Dario fece un passo avanti, ergendosi in tutta la sua altezza. "Puoi, Leo," disse dolcemente. "Ricorda quello che abbiamo passato. Non sei più lo stesso leone di prima. Affronteremo insieme."

Leo guardò Dario, il cuore che batteva forte. Potrebbe davvero essere coraggioso?

Il lupo si avvicinò, mostrando i denti. Dario ragliò forte, ma non era abbastanza per spaventare il lupo.

Leo sapeva che questo era il momento. Non poteva scappare. Non poteva nascondersi. Doveva essere coraggioso—non solo per se stesso, ma per il suo amico. Richiamando tutto il suo coraggio, Leo emise il ruggito più forte e feroce che avesse mai fatto.

Il suono echeggiò tra gli alberi, facendo tremare la terra sotto di loro. Il lupo si congelò, gli occhi spalancati dallo shock. Poi, con un guaito, girò la coda e corse di nuovo nella foresta, scomparendo nell'ombra.

Dario brillava di orgoglio. "Ce l'hai fatta, Leo! Sei stato fantastico!"

Leo, ansimando ma sorridente, annuì. "Ce l'abbiamo fatta—insieme."

A Casa e il Vero Significato del Coraggio

Infine, i due amici raggiunsero il villaggio dall'altra parte della foresta, dove la famiglia della ragazza malata li accolse con lacrime di gioia. Il medicinale era stato consegnato giusto in tempo, e la ragazza si riprese rapidamente. Gli abitanti del villaggio celebrarono Dario e Leo, ringraziandoli per il loro coraggio.

Mentre tornavano indietro attraverso la foresta, Dario si voltò verso Leo. "Sai, penso che tu sia sempre stato coraggioso," disse. "Hai solo avuto bisogno di un amico per ricordartelo."

Leo sorrise. "E penso che tu avessi ragione—il coraggio non riguarda l'assenza di paura. Riguarda affrontare le tue paure, anche quando le hai."

Da quel giorno in poi, Dario e Leo furono i migliori amici, e insieme affrontarono ogni sfida con coraggio, gentilezza e la consapevolezza che il vero coraggio si trova nell'amicizia.

The Boy with a Pocket Full of Stars

Once upon a time, there was a boy named Jonah who lived in a small village surrounded by rolling hills and skies that stretched far beyond the horizon. Jonah was an ordinary boy in many ways, but there was one thing that made him special—he could catch stars. Not just any stars, but the small, twinkling ones that sparkled in the night sky like tiny diamonds.

It all started one evening when Jonah was sitting by his window, gazing up at the stars. He had always loved the way they shimmered and flickered, like a secret language written just for him. That night, however, one of the stars seemed to shine brighter than the others. It danced in the sky, and as Jonah watched, it floated down, down, down, until it landed softly in the palm of his hand.

Jonah's eyes widened in awe. The star was no bigger than a marble, but it glowed with a warmth that made him feel as if he were holding a piece of the sun. Carefully, he slipped it into his pocket.

The next day, Jonah discovered that his pocket wasn't just holding one star. When he reached inside, there were dozens, maybe even hundreds, of tiny stars twinkling back at him. Somehow, he had a pocket full of stars.

Lighting the Way

Jonah didn't know what to do with his new gift at first. But as he wandered through his village, he began to notice things he hadn't seen before. Dark corners, shadows, and sadness in places he had never looked closely at.

One evening, as he was walking through the village square, he saw an old man sitting alone on a bench, his face hidden in his hands. The man seemed lost, as though the weight of the world had settled upon his shoulders. Without thinking, Jonah reached into his pocket and pulled out one of his stars. It glowed softly in his hand, filling the air with a gentle warmth.

He approached the man quietly. "Excuse me, sir," Jonah said, holding out the star. "I thought you might need this."

The old man looked up, his eyes tired and heavy. But when he saw the star, a glimmer of hope flickered in his gaze. He took the star in his trembling hands, and as he held it, the sadness seemed to lift from his face, replaced by a quiet peace.

"Thank you, boy," the man whispered. "I haven't seen light like this in a long time."

Jonah smiled and walked away, his heart lighter than it had been before. As he continued his journey home, he realized something: the stars weren't just for him. They were meant to light up the dark places in other people's lives too.

The Girl in the Alley

Jonah became known in the village for his kindness. He didn't boast about his pocket full of stars, but people started to notice the soft, warm light that seemed to follow him wherever he went.

One rainy afternoon, Jonah was passing by a narrow alley when he heard soft sobbing. Peeking around the corner, he saw a young girl sitting in the shadows, her knees drawn to her chest. She looked cold and frightened, her tears falling silently into the puddles around her.

Jonah knelt beside her and pulled a star from his pocket. It shimmered, casting a soft glow on the wet cobblestones.

"Are you alright?" he asked gently.

The girl shook her head, wiping her eyes with the back of her hand. "No. I'm lost. I don't know how to get home."

Jonah smiled kindly and held out the star. "This will help you find your way."

The girl hesitated, but when she took the star, the light spread through the alley, illuminating the path that led to her street. Her eyes widened in wonder, and the fear that had gripped her heart began to melt away.

"Thank you," she whispered, a small smile tugging at the corners of her lips.

"Keep the star," Jonah said. "It'll guide you whenever you feel lost."

The girl nodded, her smile growing, and Jonah walked her home, the star lighting their way through the rain-soaked village.

A Pocket Full of Hope

As Jonah gave away his stars, he expected his pocket to empty. But every time he reached inside, there were more stars waiting for him, as if the universe knew he needed them. He gave them to those who were sad, lonely, or frightened—anyone who needed a little light in their lives.

One day, Jonah met a group of children playing in the village square. They were laughing and chasing each other around, but one boy sat apart from the others, watching with sad eyes. His leg was wrapped in a thick bandage, and he held crutches by his side.

Jonah sat next to him. "Why aren't you playing with the others?"

The boy sighed. "I used to play with them, but I hurt my leg. Now I can't run like I used to."

Jonah reached into his pocket and pulled out a small star. "Here," he said, handing it to the boy. "This star might not help you run, but it'll help you see things differently."

The boy took the star, and as it glowed in his hands, a smile spread across his face. He looked at the other children, and instead of sadness, there was hope in his eyes.

"Maybe I can still play," he said quietly.

With Jonah's help, the boy stood up and hobbled over to his friends. The other children saw him and cheered, welcoming him back into their game. Though he couldn't run, they found new ways to play, ways that included everyone.

The Power of Small Actions

As the years passed, Jonah grew older, but his pocket never ran out of stars. He continued to wander the village and beyond, giving stars to those in need, lighting up dark corners of the world with small acts of kindness.

One day, a traveler passing through the village heard stories of the boy with a pocket full of stars. Curious, he sought out Jonah and found him sitting by the village fountain, watching the children play.

"Are you really the boy who collects stars?" the traveler asked.

Jonah smiled, his eyes crinkling with warmth. "I don't collect them for myself. I give them to those who need them."

The traveler looked puzzled. "But how can such small stars make a difference?"

Jonah reached into his pocket and handed the traveler a star. It was small, no bigger than a pebble, but it glowed with a warmth that filled the air around them.

"It's not about the size of the star," Jonah said softly. "It's about what it does. Even the smallest light can brighten the darkest places."

The traveler held the star, feeling its gentle warmth, and understood.

A Pocket Full of Stars Forever

Jonah's kindness spread far beyond his village. His stars traveled with the people he helped, lighting up new places, new hearts.

And though Jonah himself was just one boy in a small village, his actions—his small, glowing stars—made the world a little brighter.

For Jonah had learned the greatest lesson of all: that sometimes, the smallest actions can make the biggest difference, and a single star can light up the darkest night.

Il Ragazzo con una Tasca Piena di Stelle

C'era una volta un ragazzo di nome Jonah che viveva in un piccolo villaggio circondato da dolci colline e cieli che si estendevano lontano oltre l'orizzonte. Jonah era un ragazzo ordinario sotto molti aspetti, ma c'era una cosa che lo rendeva speciale: poteva catturare le stelle. Non solo qualsiasi stella, ma quelle piccole e scintillanti che brillavano nel cielo notturno come minuscoli diamanti.

Tutto iniziò una sera quando Jonah era seduto vicino alla sua finestra, guardando le stelle. Aveva sempre amato il modo in cui brillavano e scintillavano, come un linguaggio segreto scritto solo per lui. Quella notte, però, una delle stelle sembrava brillare più delle altre. Ballava nel cielo, e mentre Jonah la osservava, scese dolcemente, dolcemente, fino a posarsi delicatamente nel palmo della sua mano.

Gli occhi di Jonah si aprirono in segno di meraviglia. La stella non era più grande di una biglia, ma splendeva con un calore che lo faceva sentire come se stesse tenendo un pezzo di sole. Con cura, la ripose nella sua tasca.

Il giorno dopo, Jonah scoprì che la sua tasca non conteneva solo una stella. Quando mise la mano dentro, ci furono dozzine, forse addirittura centinaia, di piccole stelle che scintillavano in risposta. In qualche modo, aveva una tasca piena di stelle.

Illuminare il Cammino

Inizialmente, Jonah non sapeva cosa fare con il suo nuovo dono. Ma mentre si aggirava per il suo villaggio, cominciò a notare cose che non aveva mai visto prima. Angoli bui, ombre e tristezza in luoghi che non aveva mai esaminato da vicino.

Una sera, mentre camminava nella piazza del villaggio, vide un vecchio seduto da solo su una panchina, il volto nascosto tra le mani. L'uomo sembrava perso, come se il peso del mondo si fosse posato sulle sue spalle. Senza pensarci, Jonah mise la mano nella tasca e tirò fuori una delle sue stelle. Essa brillava dolcemente nella sua mano, riempiendo l'aria di un calore gentile.

Si avvicinò all'uomo silenziosamente. "Mi scusi, signore," disse Jonah, porgendo la stella. "Pensavo potesse averne bisogno."

Il vecchio guardò in su, i suoi occhi stanchi e pesanti. Ma quando vide la stella, un barlume di speranza scintillò nel suo sguardo. Prese la stella tra le mani tremanti, e mentre la teneva, la tristezza sembrava sollevarsi dal suo volto, sostituita da una quieta pace.

"Grazie, ragazzo," sussurrò l'uomo. "Non vedevo una luce del genere da molto tempo."

Jonah sorrise e si allontanò, il cuore più leggero di prima. Continuando il suo viaggio verso casa, si rese conto di una cosa: le stelle non erano solo per lui. Erano destinate ad illuminare i luoghi bui nelle vite degli altri.

La Ragazza nel Vicolo

Jonah divenne noto nel villaggio per la sua gentilezza. Non si vantava della sua tasca piena di stelle, ma le persone cominciarono a notare la luce calda e soffusa che sembrava seguirlo ovunque andasse.

Un pomeriggio piovoso, Jonah stava passando davanti a un vicolo stretto quando udì un leggero singhiozzo. Affacciandosi all'angolo, vide una giovane ragazza seduta nell'ombra, con le ginocchia tirate al petto. Sembrava fredda e spaventata, le sue lacrime cadevano silenziosamente nelle pozzanghere attorno a lei.

Jonah si inginocchiò accanto a lei e tirò fuori una stella dalla tasca. Essa brillava, proiettando una luce soffusa sui ciottoli bagnati.

"Stai bene?" chiese gentilmente.

La ragazza scosse la testa, asciugandosi gli occhi con il dorso della mano. "No. Sono persa. Non so come tornare a casa."

Jonah sorrise gentilmente e porse la stella. "Questa ti aiuterà a trovare la tua strada."

La ragazza esitò, ma quando prese la stella, la luce si diffuse nel vicolo, illuminando il percorso che conduceva alla sua strada. I suoi occhi si spalancarono in meraviglia, e la paura che aveva stretto il suo cuore cominciò a sciogliersi.

"Grazie," sussurrò, un piccolo sorriso che si formava agli angoli delle sue labbra.

"Tieni la stella," disse Jonah. "Ti guiderà ogni volta che ti sentirai persa."

La ragazza annuì, il sorriso cresceva, e Jonah la accompagnò a casa, la stella illuminando il loro cammino attraverso il villaggio bagnato dalla pioggia.

Una Tasca Piena di Speranza

Man mano che Jonah donava le sue stelle, si aspettava che la sua tasca si svuotasse. Ma ogni volta che metteva la mano dentro, c'erano altre stelle in attesa per lui, come se l'universo sapesse che ne aveva bisogno. Le dava a chi era triste, solo o spaventato—chiunque avesse bisogno di un po' di luce nella propria vita.

Un giorno, Jonah incontrò un gruppo di bambini che giocavano nella piazza del villaggio. Ridevano e si inseguivano, ma un ragazzo stava seduto lontano dagli altri, osservando con occhi tristi. La sua gamba era avvolta in una spessa fasciatura, e teneva delle stampelle accanto a sé.

Jonah si sedette accanto a lui. "Perché non giochi con gli altri?"

Il ragazzo sospirò. "Giocavo con loro, ma mi sono fatto male alla gamba. Ora non riesco a correre come prima."

Jonah mise la mano nella tasca e tirò fuori una piccola stella. "Ecco," disse, porgendola al ragazzo. "Questa stella potrebbe non aiutarti a correre, ma ti aiuterà a vedere le cose in modo diverso."

Il ragazzo prese la stella e mentre brillava tra le sue mani, un sorriso si allargò sul suo volto. Guardò gli altri bambini, e invece della tristezza, c'era speranza nei suoi occhi.

"Magari posso ancora giocare," disse piano.

Con l'aiuto di Jonah, il ragazzo si alzò e zoppicò verso i suoi amici. Gli altri bambini lo videro e applaudirono, accogliendolo di nuovo nel loro gioco. Anche se non poteva correre, trovarono nuovi modi di giocare, modi che includevano tutti.

Il Potere delle Piccole Azioni

Con il passare degli anni, Giona cresceva, ma la sua tasca non si svuotava mai di stelle. Continuava a vagare per il villaggio e oltre, regalando stelle a chi ne aveva bisogno, illuminando angoli bui del mondo con piccoli atti di gentilezza.

Un giorno, un viaggiatore di passaggio nel villaggio sentì storie del ragazzo con la tasca piena di stelle. Curioso, cercò Giona e lo trovò seduto accanto alla fontana del villaggio, osservando i bambini giocare.

"Sei davvero il ragazzo che colleziona stelle?" chiese il viaggiatore.

Giona sorrise, gli occhi si rimpicciolirono per il calore. "Non le colleziono per me. Le do a chi ne ha bisogno."

Il viaggiatore sembrava perplesso. "Ma come possono stelle così piccole fare la differenza?"

Giona mise la mano nella tasca e porse al viaggiatore una stella. Era piccola, non più grande di un ciottolo, ma brillava con un calore che riempiva l'aria intorno a loro.

"Non si tratta delle dimensioni della stella," disse dolcemente Giona. "Si tratta di ciò che fa. Anche la luce più piccola può illuminare i posti più bui."

Il viaggiatore tenne la stella, sentendone il delicato calore, e comprese.

Una Tasca Piena di Stelle per Sempre

La gentilezza di Giona si diffuse ben oltre il suo villaggio. Le sue stelle viaggiavano con le persone che aiutava, illuminando nuovi luoghi, nuovi cuori. E anche se Giona era solo un ragazzo in un piccolo villaggio, le sue azioni—le sue piccole stelle scintillanti—rendevano il mondo un po' più luminoso.

Perché Giona aveva imparato la lezione più grande di tutte: che a volte, le azioni più piccole possono fare la più grande differenza, e una sola stella può illuminare la notte più buia.

The Secret Garden of Dreams

Once upon a time, in a quaint neighborhood filled with cozy houses and friendly faces, a spirited girl named Lily moved into an old cottage with her family. Lily was full of curiosity and a wild imagination. She loved exploring new places and dreaming up adventures. One warm evening, after unpacking boxes, she decided to venture into the nearby woods, her heart racing with excitement.

As she wandered deeper into the woods, Lily stumbled upon a forgotten gate covered in ivy. It was old and rusty, but something about it called to her. With a gentle push, the gate creaked open, revealing a hidden path shrouded in moonlight. Intrigued, Lily stepped inside.

The moment she crossed the threshold, she felt a soft breeze brush against her skin, and her eyes widened in wonder. Before her lay a magical garden, vibrant and alive with colors she had never seen before. Flowers of every hue swayed gently in the night breeze, glowing softly as if lit from within. The air was filled with sweet fragrances, and the sound of chirping crickets blended harmoniously with the soft rustle of leaves.

In this enchanted garden, every flower seemed to have a story. As Lily walked along the winding path, she noticed that the plants responded to her presence. A delicate blue flower, its petals shimmering like sapphires, leaned towards her. "Welcome, dear

Lily!" it said in a gentle voice. "I am the Dreamflower. I bloom for those who dare to dream."

Lily's eyes sparkled with delight. "You can talk!"

"Indeed!" the Dreamflower replied. "This garden is a special place. It only appears at night, and it has the power to bring dreams to life. But there is a secret to its magic—you must share your adventures with others for the garden to thrive."

Lily felt a thrill of excitement. She could hardly wait to explore more. As she ventured further, she met other magical creatures, each with their own stories and dreams. There was a wise old tree named Grandfather Oak who spoke of courage, and a playful butterfly named Flick who danced among the flowers, spreading joy wherever she went.

A New Friendship

One sunny day at school, Lily noticed a boy sitting alone on a bench. His name was Oliver, and he was known for being shy and withdrawn. He had a sketchbook clutched tightly to his chest, and Lily often spotted him drawing during recess. Intrigued, she approached him.

"Hi! I'm Lily. What are you drawing?" she asked cheerfully.

Oliver looked up, his eyes filled with surprise. "Oh, um... it's nothing special," he mumbled, quickly flipping his sketchbook closed.

Lily could see the beautiful drawings peeked out from under the cover, each one filled with whimsical creatures and landscapes.

"I think they look special! I love to explore and imagine new worlds. Would you like to share your drawings with me?" she encouraged.

But Oliver shook his head. "No one would like them. I'm not good at drawing," he whispered, his face turning red.

Lily remembered the Dreamflower's words about sharing adventures. "What if I show you a secret?" she said, her eyes twinkling with excitement. "There's a magical garden I discovered, and I think you would love it!"

With a mix of curiosity and hesitation, Oliver agreed to follow Lily to the hidden garden. As they entered, the moonlit flowers greeted them, and Oliver's eyes widened in amazement.

"This is... incredible!" he gasped, forgetting his shyness for a moment. "I've never seen anything like it."

Lily smiled, knowing the magic of the garden would help Oliver believe in himself. "Let's explore together!"

The Magic of Sharing Dreams

Over the next few weeks, Lily and Oliver returned to the garden every night. They spent hours laughing, talking, and learning from the magical creatures. The Dreamflower encouraged them to dream big, while Grandfather Oak taught them the importance of courage. The more they shared their stories and dreams, the more the garden flourished.

But one evening, as they sat beneath the shimmering stars, Lily noticed a group of kids from school peering through the gate.

They were known for being greedy and mean, always looking for ways to take advantage of others. Lily felt a chill run down her spine.

"Do you think they've seen the garden?" Oliver asked nervously.

Lily nodded. "We have to keep it a secret. If they find out, they'll want to exploit its magic for themselves."

Oliver looked worried. "What if they come back?"

Lily took a deep breath, feeling the weight of their secret pressing down on her. "We'll need to be careful. The garden depends on us to protect it and share our dreams."

A Secret Art Show

As days turned into weeks, Oliver began to find his confidence. With Lily's encouragement, he started sharing his drawings in the garden. The magical plants and creatures inspired him, and he created beautiful artwork filled with life and wonder.

One evening, Lily had an idea. "What if we have an art show in the garden? We could invite some of the kids from school and share your amazing drawings!"

Oliver's face fell. "But what if they don't like them? What if they laugh at me?"

Lily took his hands gently in hers. "You're not alone anymore, Oliver. You have the garden and me. Your drawings are beautiful, and they deserve to be seen. This is about sharing your dreams and showing everyone how special you are."

With a little more encouragement, Oliver agreed. They spent days preparing for the secret art show, hanging Oliver's drawings on branches and flowers, and decorating the garden with soft lights. The magical creatures offered their help, creating a beautiful atmosphere filled with excitement.

The Night of the Show

Finally, the night of the art show arrived. Lily was buzzing with energy, and Oliver was nervous but determined. They had invited a select few kids—those who had shown kindness and acceptance. As the stars twinkled above, they gathered in the garden, their eyes wide with wonder.

Lily welcomed everyone, her voice ringing with joy. "Thank you for coming to our secret garden! Tonight, we celebrate dreams and friendship!"

Oliver stood shyly beside her, his heart racing. As the kids admired the magical garden, he began to relax. With each passing moment, he felt more at ease, knowing he was surrounded by friends who cared.

When it was time to unveil his drawings, Oliver stepped forward, his hands shaking. "I... I wanted to share my dreams with you," he said softly. The crowd grew quiet, their faces filled with anticipation.

As he revealed his artwork, gasps of awe filled the air. Each drawing depicted the beauty of the garden, the magic of friendship, and the wonders they had experienced together. The garden seemed to glow even brighter, as if it were sharing in his joy.

When Oliver finished, a gentle applause erupted. Kids rushed forward, excitedly asking questions and complimenting his work. For the first time, Oliver felt proud of himself. He had shared his dreams, and they had come to life before his very eyes.

A New Beginning

As the night went on, Lily noticed that the greedy kids were nowhere in sight. The garden had flourished, and its magic was vibrant, reflecting the happiness of Oliver and his friends. Together, they laughed, shared stories, and danced among the flowers, the garden alive with joy.

In the days that followed, Oliver blossomed. He made new friends, and his confidence soared. He no longer hid his sketches; instead, he shared them freely. The secret garden had helped him find his voice and believe in himself.

Lily watched with pride, knowing that the magic of the garden thrived not just in its beauty, but in the connections they had built. She had learned the importance of sharing dreams and supporting one another, understanding that belief in oneself was a journey best taken with friends.

And so, the Secret Garden of Dreams remained a magical sanctuary, a place where dreams were shared, friendships flourished, and every flower told a story—a testament to the power of believing in oneself and the beauty of sharing one's dreams with the world.

Il Giardino Segreto dei Sogni

C'era una volta, in un incantevole quartiere pieno di case accoglienti e volti amichevoli, una vivace ragazza di nome Lily che si trasferì con la sua famiglia in un vecchio cottage. Lily era piena di curiosità e di una fantasia sfrenata. Amava esplorare nuovi luoghi e sognare avventure. Una sera calda, dopo aver disimballato le scatole, decise di avventurarsi nei boschi vicini, il cuore che batteva forte per l'emozione.

Mentre si addentrava sempre più nel bosco, Lily si imbatté in un cancello dimenticato, coperto di edera. Era vecchio e arrugginito, ma qualcosa in esso la chiamava. Con una leggera spinta, il cancello scricchiolò, rivelando un sentiero nascosto avvolto nella luce della luna. Incuriosita, Lily entrò.

Non appena superò la soglia, sentì una dolce brezza accarezzarle la pelle e i suoi occhi si spalancarono per la meraviglia. Davanti a lei si stendeva un giardino magico, vibrante e vivo con colori che non aveva mai visto prima. Fiori di ogni tonalità oscillavano dolcemente nella brezza notturna, brillando delicatamente come se fossero illuminati dall'interno. L'aria era piena di dolci fragranze e il suono dei grilli che cantavano si mescolava armoniosamente al leggero fruscio delle foglie.

In questo giardino incantato, ogni fiore sembrava avere una storia. Mentre Lily camminava lungo il sentiero tortuoso, notò che le piante rispondevano alla sua presenza. Un delicato fiore blu, i cui petali scintillavano come zaffiri, si chinò verso di lei.

"Benvenuta, cara Lily!" disse con voce gentile. "Io sono il Fiore dei Sogni. Fiorisco per coloro che osano sognare."

Gli occhi di Lily brillavano di gioia. "Puoi parlare!"

"Certamente!" rispose il Fiore dei Sogni. "Questo giardino è un luogo speciale. Appare solo di notte e ha il potere di portare i sogni alla vita. Ma c'è un segreto nella sua magia: devi condividere le tue avventure con gli altri affinché il giardino prosperi."

Lily provò un brivido di eccitazione. Non vedeva l'ora di esplorare di più. Mentre si avventurava oltre, incontrò altre creature magiche, ognuna con le proprie storie e sogni. C'era un saggio vecchio albero chiamato Nonno Quercia che parlava di coraggio, e una farfalla giocosa di nome Flick che danzava tra i fiori, diffondendo gioia ovunque andasse.

Una Nuova Amicizia

Un giorno di sole a scuola, Lily notò un ragazzo seduto da solo su una panchina. Si chiamava Oliver ed era conosciuto per essere timido e riservato. Stringeva un quaderno da disegno sul petto, e Lily spesso lo vedeva disegnare durante la ricreazione. Incuriosita, si avvicinò a lui.

"Ciao! Sono Lily. Cosa stai disegnando?" chiese allegramente.

Oliver alzò lo sguardo, i suoi occhi pieni di sorpresa. "Oh, ehm... non è niente di speciale," mormorò, chiudendo rapidamente il quaderno.

Lily riuscì a vedere i bellissimi disegni che sbucavano da sotto la copertina, ognuno pieno di creature e paesaggi fantastici. "Penso che sembrino speciali! Adoro esplorare e immaginare nuovi mondi. Ti piacerebbe condividere i tuoi disegni con me?" lo incoraggiò.

Ma Oliver scosse la testa. "Nessuno li apprezzerebbe. Non sono bravo a disegnare," sussurrò, il suo viso che si colorava di rosso.

Lily si ricordò delle parole del Fiore dei Sogni riguardo alla condivisione delle avventure. "E se ti mostrassi un segreto?" disse, gli occhi brillanti di eccitazione. "C'è un giardino magico che ho scoperto, e penso che ti piacerà!"

Con un mix di curiosità e esitazione, Oliver accettò di seguire Lily nel giardino nascosto. Quando entrarono, i fiori illuminati dalla luna li accolsero, e gli occhi di Oliver si spalancarono per la meraviglia.

"Questo è... incredibile!" esclamò, dimenticando per un momento la sua timidezza. "Non ho mai visto nulla di simile."

Lily sorrise, sapendo che la magia del giardino avrebbe aiutato Oliver a credere in se stesso. "Esploriamo insieme!"

La Magia di Condividere Sogni

Nelle settimane successive, Lily e Oliver tornarono nel giardino ogni notte. Trascorrevano ore a ridere, parlare e imparare dalle creature magiche. Il Fiore dei Sogni li incoraggiava a sognare in grande, mentre Nonno Quercia insegnava loro l'importanza del coraggio. Più condividevano le loro storie e i loro sogni, più il giardino fioriva.

Ma una sera, mentre sedevano sotto le stelle scintillanti, Lily notò un gruppo di ragazzi della scuola che sbirciavano attraverso il cancello. Erano conosciuti per essere avido e meschini, sempre alla ricerca di modi per approfittare degli altri. Lily sentì un brivido lungo la schiena.

"Pensi che abbiano visto il giardino?" chiese Oliver nervosamente.

Lily annuì. "Dobbiamo tenerlo segreto. Se lo scoprono, vorranno sfruttare la sua magia per sé stessi."

Oliver sembrava preoccupato. "E se tornassero?"

Lily fece un respiro profondo, sentendo il peso del loro segreto premere su di lei. "Dobbiamo stare attenti. Il giardino dipende da noi per proteggerlo e condividere i nostri sogni."

Una Mostra d'Arte Segreta

Con il passare dei giorni, Oliver iniziò a trovare la sua fiducia. Con l'incoraggiamento di Lily, cominciò a condividere i suoi disegni nel giardino. Le piante e le creature magiche lo ispirarono, e creò opere d'arte bellissime, piene di vita e meraviglia.

Una sera, Lily ebbe un'idea. "E se facessimo una mostra d'arte nel giardino? Potremmo invitare alcuni ragazzi della scuola e condividere i tuoi incredibili disegni!"

Il viso di Oliver si oscurò. "Ma se non piacciono? Se ridono di me?"

Lily prese delicatamente le sue mani tra le sue. "Non sei più solo, Oliver. Hai il giardino e me. I tuoi disegni sono bellissimi e meritano di essere visti. Si tratta di condividere i tuoi sogni e mostrare a tutti quanto sei speciale."

Con un po' più di incoraggiamento, Oliver accettò. Trascorsero giorni a prepararsi per la mostra d'arte segreta, appendendo i disegni di Oliver sui rami e sui fiori, decorando il giardino con luci soffuse. Le creature magiche offrirono il loro aiuto, creando un'atmosfera incantevole e piena di eccitazione.

La Notte della Mostra

Finalmente arrivò la notte della mostra d'arte. Lily era elettrizzata, e Oliver era nervoso ma determinato. Avevano invitato un numero selezionato di ragazzi—quelli che avevano dimostrato gentilezza e accettazione. Mentre le stelle brillavano sopra di loro, si radunarono nel giardino, gli occhi spalancati per la meraviglia.

Lily accolse tutti, la sua voce risuonava di gioia. "Grazie per essere venuti nel nostro giardino segreto! Stasera celebriamo sogni e amicizia!"

Oliver stava in piedi timidamente accanto a lei, il cuore che batteva forte. Mentre i ragazzi ammiravano il giardino magico, lui cominciò a rilassarsi. Ad ogni istante che passava, si sentiva sempre più a suo agio, sapendo di essere circondato da amici che si prendevano cura di lui.

Quando fu il momento di svelare i suoi disegni, Oliver fece un passo avanti, le mani che tremavano. "Volevo... volevo condividere i miei sogni con voi," disse dolcemente. La folla si fece silenziosa, i loro volti pieni di attesa.

Quando rivelò le sue opere, l'aria si riempì di esclamazioni di meraviglia. Ogni disegno rappresentava la bellezza del giardino, la magia dell'amicizia e le meraviglie che avevano vissuto insieme. Il giardino sembrava brillare ancora di più, come se stesse condividendo la sua gioia.

Quando Oliver terminò, un leggero applauso esplose. I ragazzi si precipitarono in avanti, chiedendo entusiasti domande e complimentando il suo lavoro. Per la prima volta, Oliver si sentì fiero di sé. Aveva condiviso i suoi sogni, e questi erano diventati realtà davanti ai suoi occhi.

Un Nuovo Inizio

Con il passare della notte, Lily notò che i ragazzi avido non erano in vista. Il giardino era fiorito e la sua magia era vibrante, riflettendo la felicità di Oliver e dei suoi amici. Insieme, risero, condividevano storie e ballavano tra i fiori, il giardino vivo di gioia.

Nei giorni seguenti, Oliver fiorì. Fece nuove amicizie e la sua fiducia crebbe. Non nascondeva più i suoi schizzi; invece, li condivideva liberamente. Il giardino segreto lo aiutò a trovare la sua voce e a credere in se stesso.

Lily osservava con orgoglio, sapendo che la magia del giardino prosperava non solo nella sua bellezza, ma anche nelle connessioni che avevano costruito. Aveva imparato l'importanza di condividere sogni e sostenersi a vicenda, comprendendo che la